प्रेम कलश

सत्येंद्र और विपिन बहार

ISBN 978-93-5559-037-4

Published in India 2021 by Pencil

Contributors:
Co-Author: Vipin Bahar

A brand of
One Point Six Technologies Pvt. Ltd.
123, Building J2, Shram Seva Premises,
Wadala Truck Terminal, Wadala (E)
Mumbai 400037, Maharashtra, INDIA
E connect@thepencilapp.com
W www.thepencilapp.com

Author biography

मैं सत्येंद्र इस आसमे जुटा हु की आपके दिलों के दर्द को आंखों के रास्ते निकाल दु।

सोचता हूं कोई दिल दर्द से कराह न रहा हो। बैंडेज ही नही मरहम भी लगाऊंगा।

बेफिक्र रहिये अगर आपका दिल नया नया एहसास करने लगा है की इसको अब

किसी की याद आने लगी हैहै और भूख है तो द् रखिये

Follow कीजिये मेरे पोस्ट को instagram.com/b01satyendra

मै सत्येंद्र यु तो अंग्रेजी की कई सारी किताबे लिख चूका हु, लेकिन हिंदी की ये पहली रचना आपके समस्त प्रस्तुत करने जा रहा हु।

आशा है आपके दिलो के दर्द को समझने में सार्थक होगी। एहसास का दिलो से बहुत ही गहरा नाता है, इश्क़ हुआ फिर टूट गया।

फिर इश्क़ हुआ फिर टूट गया इसका नतीजा ये निकलता हैउ की इश्क़ एक ऐसी जीवन की अवस्था है जो जितनी बार चाहे लायी जा सकती है।

अर्थात मोहब्बत एक बार होने वाली चीज नहीं है। पहला प्यार जैसी कोई चीज नहीं होती, क्युकी अगर आपको दूसरे प्यार का स्तर पहले

प्यार से ऊपर है तो आपको दुबारा प्यार होगा। और यही प्रक्रिया चलती रहेगी और आपको बार बार प्यार होता रहेगा।

कहने का मतलब ये है की अगर अपने पहले प्यार में चुम्बन तक खुद को सिमित कर लिए थे तो अगर दूसरे प्यार में आलिंगन का स्वाद लेंगे तो

ये प्यार उससे बेहतर लगेगा और आपको लगेगा अभी एहि तो प्यार है पहला वाला तो छलावा था।

बाकि मेरे बारे में जानने क लिए https://www.facebook.com/b01satyendra और इंस्टाग्राम पे भी इसी यूजर नाम से मिलूंगा।

यह संकलन दो लेखकों की संलग्न रचना का नमूना है, दूसरे कवि विपिन बिहारी जी है।

कोई भी लेखन... कविता तभी प्रचलित होती है जब किसी के दिल की बात कही गई हो...और मैं माँ वागेश्वरी का पुजारी जो अभी साहित्य को सीख रहा है...उसने कुछ गीत,गजल,कविता रूपी पुष्पों को आप के सामने रखा है..आशा करता हूँ पसन्द आएगा..साहित्य के क्षेत्र में अभी अबोध हूँ... सीखने की और अग्रसर हूँ... इससे पहले "लेखनी मिहिका"साझा संकलन और कई पत्रिकाओं में रचना प्रकाशित हो चुकी है...हमेशा आपका आशीष मिलता आया है..आशा करता हूँ आगे भी मिलेगा..

विपिन सिंह"बहार"सह लेखक

CONTENTS

प्रस्तावना

हिंदी कविताओं में जब रस और भाव के साथ साथ आधुनिकता का तड़का लगाया जाता है,

तो जो रचना प्रकट होती है उसकी सार्थकता पे सवाल कत्तई न ही किया जा सकता।

और यह मेरी पहली हिंदी कविताओ का संग्रह इसका जीता ज गता नमूना आपके खिदमत में प्रस्तुत है।

स्वीकार कीजिये इसे और हो सके तो review करना न भूले।

मैं सत्येंद्र आपके दिलों के तारो को समय -
समय पे छेड़ता रहूंगा।

दर्द कुरेदने की आदत नही है मुझे ये शब्द मरहम का काम करें गे।

धोखा किसी को कोई ब्यक्ति नही देता ये वक़्त है जो बेवफाई कर जाता है।

नही तो हीर को रांझा से मझनु को लैला से जुदा करके किस का यनात को सुकून मिलने वाला था?

ये वक़्त ही है जो जूलिएट को नही मिला कि वो रोमियो को स मझा पाती।

इस वक्त की हर चालाकी को समझेंगे इसकी हर नियत को पर खेंगे, फिर वॉर करेंगे मोहब्बत की तलवार से ।।।

हिंदी कविताओं में जब रस और भाव के साथ साथ आधुनिकता का तड़का लगाया जाता है,

तो जो रचना प्रकट होती है उसकी सार्थकता पे सवाल कत्तई न ही किया जा सकता।

और यह मेरी पहली हिंदी कविताओ का संग्रह इसका जीता ज गता नमूना आपके खिदमत में प्रस्तुत है।

स्वीकार कीजिये इसे और हो सके तो review करना न भूले।

मैं सत्येंद्र आपके दिलों के तारो को समय -
समय पे छेड़ता रहूंगा।

दर्द कुरेदने की आदत नही है मुझे ये शब्द मरहम का काम करें गे।

धोखा किसी को कोई ब्यक्ति नही देता ये वक़्त है जो बेवफाई कर जाता है।

नही तो हीर को रांझा से मझनु को लैला से जुदा करके किस का यनात को सुकून मिलने वाला था?

ये वक़्त ही है जो जूलिएट को नही मिला कि वो रोमियो को समझा पाती।

इस वक्त की हर चालाकी को समझेंगे इसकी हर नियत को परखेंगे, फिर वॉर करेंगे मोहब्बत की तलवार से ।।।

सम्पादकीय

माँ शारदे की अनुकंपा से उनके चरणों मे शब्द रूपी पुष्प प्रेषित है...जिस पुष्प का नाम है प्रेम-कलश ...प्रेम की सीमा का अंदाजा लगाना काफी मुश्किल है..और प्रेम को कैद करना भी काफी मुश्किल है..पर प्रेम को सजाना मेरी नजर में काफी सरल और दिलचस्प काम है...बस उसी राह पर चल पड़े है कलम के दो सिपाही ..जो प्रेम को कलश में सजाने की कोशिश कर रहे है..वो कितना सजा पाए...ये तो आप ही बता सकते है...प्रेम कलश...एक प्रयास है प्रेम से प्रेम को जोड़ने का...जो गीत,गजल,कविता के ज़रिए आप तक पहुँचने की कोशिश में है...ये कहाँ तक सफल हो पाया है...ये आप विदुजन ही बताएंगे...इस कलश में रंग भरने का काम किया है आ० सतेंद्र यादव जी ने..जिन्हें हिंदी और अंग्रेजी दोनों भाषाओं का ज्ञान है

..और मैं आ॰ सतेंद्र जी का अभिवादन करूँगा की उन्होंने इस कलश में मुझे भी प्रेम रूपी बीज बोने का मौका दिया...आशा करता हूँ हमारा ये साझा प्रयास आप सभी को पसंद आएगा...

विपिन सिंह"बहार"

विपिन की रचनाये

पी गया

क्या बताऊँ क्या दिखाकर पी गया ।

आग सारी मैं जलाकर पी गया ।।

कुछ नही था जाम पीने के लिए ।

आँसुओ को मैं मिलाकर पी गया ।।

क्या सुनाऊँ मैं कहानी मय भरी ।

दोस्तों से मैं छिपाकर पी गया ।।

घर हुआ गिरवी हुआ है खेत सब ।

यार सब कुछ मैं लुटाकर पी गया ।।

राह में गाली दिए सब जा रहे ।

यार खुद को मैं गिराकर पी गया ।।

ये नशा क्या था बताओ तुम"विपिन"।

शायरी को मय जताकर पी गया ।।

आंशुओ से भरा नयन

आँसुओ से भरा ये नयन हो गया ।

बेवजह मौत का यूँ चयन हो गया ।।

लाश मेरी किसी से नही अब उठी ।

आस का यार ज्यादा वजन हो गया ।।

चार कंधे रहे चार ही लोग थे ।

चार में ही यहाँ सब दफ़न हो गया ।।

आदमी अब कहाँ से कहाँ आ गया ।

चोट देना सभी का चलन हो गया ।।

मौत आई मगर मैं नही मर सका ।

ख्वाहिशों का बड़ा सा भवन हो गया ।।

अलविदा ना कहो अब मुझें दोस्तों ।

क्या हुआ साथ जो अब कफ़न हो गया ।।

माफ करना मिलन अब नही हो सका ।

शायरी से सभी को नमन हो गया ।।

जिंदगी से तो रिहाई

जिंदगी से तो रिहाई मिल गई ।

यार मरने की दवाई मिल गई ।।

मन मुताबिक ना हुआ तो छोड़ दी ।

बस अहम में तो जुदाई मिल गई ।।

क्या करूँ मुझको बनाया इस कदर ।

लाख मुझमें तो बुराई मिल गई ।।

जल रहा पर मौत मिलती ना लगी ।

आग कैसी ये लगाई मिल गई ।।

यार किस्मत का कहूँ क्या आप से ।

बेवजह की बस लड़ाई मिल गई ।।

शायरी का संग मरते दम रहा ।

यूँ कफन पर वो सजाई मिल गई ।।

नींद रोती रही

बात वो झूठ थी जो निकाली गई ।

बेवजह चीज यूँ ही उछाली गई ।।

मौत के बाद भी मै गलत ही दिखा..

लाश मेरी कफ़न की भी उठा ली गई ।।

डूबना था मुझें डूबने ना दिया..

जान तो मतलबो से बचाली गई ।।

दर्द की क्या कहानी सुनाऊँ अभी..

नींद रोती रही रात काली गई ।।

जिंदगी में ख़ुशी अब कहाँ मिल सकी...

लाख होली गई यूँ दिवाली गई ।।

बस यही सोचकर काट दी जिंदगी...

खर्च जितना"विपिन"अब कमाली गई ।।

कफ़न में बहे शायरी

मैं मरूँ तो मुझी से मिले शायरी ।

लाश के हर कदम पर बिछे शायरी ।।

क्या कमी रह गई,आरजू क्या रही...

दर्द मेरा जिए,जो पढ़े शायरी ।।

आँसुओ ने कहाँ से कहाँ कर दिया ...

जो नही कह सका वो कहे शायरी ।।

जब जनाजा चले राम नाम का जाप हो..

जो चले साथ मे वो जपे शायरी ।।

दोस्तों आप से बस गुजारिश यही..

काठ पर फूल बनकर सजे शायरी ।।

जो मिले वो कहे की गजब हो गया...

इस तरह यूँ कफ़न में बहे शायरी ।।

माँ

जिंदगी अब लग रही यूँ भार है माँ ।

हाथ मे पैसे भले दो-चार है माँ ।।

आज दुनियाँ काटने को दौड़ती है ।

कौन करता आप जैसा प्यार है माँ ।।

लोग आपस मे बड़े उलझे हुए है ।

हर तरफ दीवार ही दीवार है माँ ।।

आ मुझें फिर से गले अपने लगा ले ।

तुझ बिना कुछ भी नही साकार है माँ ।।

मन करे तुझसे लिपटकर खूब रोऊँ ।

दर्द का फूटा बड़ा अंबार है माँ ।।

माँ बताओ क्या हुआ है साथ मेरे ।

क्यों दिखाई दे रहा सब खार है माँ ।।

आज फिर मैं तो नसीहत माँगता हूँ ।

दर्द ही क्या जिंदगी का सार है माँ ।।

आग है

हर तरफ अब तो लगीं ये...आग हैं ।

अब भला किसकी सगी ये...आग हैं ।।

बात तुमकों ये बताता काम की ।

जानलेवा मज़हबी ये...आग हैं ।।

कब बताओगी बताओ जान तुम ।

बोल दो जो दिल दबीं ये...आग हैं ।।

प्यार में तो बस तबाही ही लिखीं ।

यार कितनों को ठगीं ये...आग हैं ।।

फैलती ये फैलती ही जा रहीं ।

कह रहे तुम अज़नबी ये..आग हैं ।।

सच बताना झूठ ना कहना "विपिन" ।

शायरी की कब जगीं ये...आग हैं ।।

पिता जी

सभी भार घर का उठाते पिता जी ।

कभी भी नही कुछ बताते पिता जी ।।

हमीं पर लुटाया,कमाया हुआ सब ।

हमारे लिए ही कमाते पिता जी ।।

बड़े ठोस दिल हैं बड़े काम काज़ी ।

कभी भी नही गम जताते पिता जी ।।

फ़टी यार धोती, फटा यार कुर्ता ।

पहन चार पैसे बचाते पिता जी ।।

बड़े बरगदों के भुजाओं सरीखें ।

सभी नात-रिश्ते निभातें पिता जी ।।

भले कम जगह हैं,मगर घर बड़ा हैं ।

हमेशा हमें ये सिखातें पिता जी ।।

हमारी ख़ुशी को हमेशा कहूँ तो ।

कई रंग भर-कर सजाते पिता जी ।।

क्या भरोषा चाँद का

क्या करोगी तुम झरोखा चाँद का ।

मत करो तुम यूँ भरोसा चाँद का ।।

आज छत पर चाँदनी ही चाँदनी ।

आज तो हैं जान मौका चाँद का ।।

बादलों में छुप रहा वो हर दफ़ा ।

हैं बड़ा करतब अनोखा चाँद का ।।

लाल चुनरी देखकर वो छिप गया ।

यार समझों आप धोखा चाँद का ।।

देर करता देर ही करता रहा..

काश धर लेता मुखौटा चाँद का ।।

मेरी अर्जियाँ

यार मेरी अर्जियाँ...तू मान जा ।

हो गई है गलतियाँ...तू मान जा ।।

दोष खुद पर इस कदर भारी हुआ ।

रात-भर है सिसकियाँ...तू मान जा ।।

प्यार का यूँ मौत से नाता रहा ।

उठ गई है अर्थियां...तू मान जा ।।

हर कदम पर साथ तेरे चल रहा ।

याद कर सब नेकियाँ.. तू मान जा ।।

जान मेरी बात सुनकर देख लो ।

की बहुत अब मर्जियाँ...तू मान जा ।।

इस तबाही में सनम सब राख है ।

हर तरफ है आँधिया...तू मान जा ।।

सत्येंद्र का धोखा

मेरे दिल

मुझे याद है वो लम्हा जब तुझे दीवानो की तरह एकतरफा मोहब्बत किये जा रहे थे

सायद कायनात को भी नही मंजूर था हम खुद को और बर्बाद करे और

हमारी अधूरी मोहब्बत तेरे सपनों के आगे दम तोड़ती नजर आयी।

किस्से काश यही खत्म हो जाते अपने बर्बादियों का मंजर किसी और क रूबरू होने नही देता।

बस खुद ही इस आग में झुलस के रह जाते।

लेकिन इस कायनात ने हमारे दरम्यान ये जो मोड़ लायी है

न चाहते हुए भी इन आँखों को तेरा ये हस्र देखना पड़ रहा जो कत्तई इस दिल को मंजूर नही है।

नही बनना था बड़ा नही करना था नाम बस एक याद छुपानी थी।

लेकिन इस जमाने ने जो ताने दिए है मुझे वो सायद मेरे कल का श्राप है या क्या ?

नही देख सकता तुझे खुद के सामने लाचार।

तेरे आने का इंतजार नही है मुझे,
मैं तो खुद के होने से परेशान हु।

ये तो विचारो की अंधी है मेरे महबूब जो मुझे जिंदा रखे हुए है,

नही तो मैं कबका शमशान हो जाता।

युही

तेरे आने का इंतजार नही है मुझे,

मैं तो खुद के होने से परेशान हु।

ये तो विचारो की अंधी है मेरे महबूब जो मुझे जिंदा रखे हुए है,

नही तो मैं कबका शमशान हो चूका हु

दिमाग मत लगाया करो

सोचता हूं कि इश्क कर लूं तुमसे, बहुत खूबसूरत सी लगती हो।

अफशोश की ये सोच रहा हु क्योंकि मोहब्बत तो दिल का काम है।।

शरीफ लोग

जब ये शराफत का खुमार खत्म होगा तो हम याद आएंगे।

जब जिंदगी से रूबरू होने का मन होगा तो हम याद आएंगे।

जब दिल मे तड़प आंखों में नमी और चेहरे पे उदासी हावी होने लगेगा तो हम याद आएंगे।

छोड़कर हमे तुम चले गए ये कहते हुए की तुम्हे फिक्र है इस ज माने की।

जब जमाने से नजरे मिलाकर थक जाओगे तो हम याद आएंगे ।

तब सारे रस्मो को भूलकर जमाने की परवाह किये बगैर,

हम अपना हाथ तेरे हाथ मे रख जाएंगे।

बर्बाद करते है

चलो बर्बाद करते है।

दिल गुमनाम है किसी की याद में यू ही शामें खराब करते है।

बहुत किये है काम कुछ वक्त बर्बाद करते है।

तेरे होने से व्यस्त हो जाता हूं मैं,
एक एक पल का हिसाब करते है।

तू न सही तेरे यादो से वक्त बर्बाद करते है।

एक वादा किया था तुमसे की खुश रखूंगा तुझे,

उस वादे की खातिर खुद को लाचार समझते है।

वादा तो टूटना ही था, खुशिया भी खुश न कर सकी जिसको,

तो हम क्या कोई चमत्कार करते है?

कोरोना

ऐ कोरोना तुम शादी क्यों नही कर लेते।

कम से कम किसी की तो सुनते।।

तुम स्त्रीलिंग हो या पुलिंग हो मुझे नही पता।

लेकिन हरकतों से तो आवारा लगते हो।।

भीगी रातें

इस तड़पते दिल को तेरे सहारे की जरूरत बखूबी समझता है ये दिल।

मगर अफशोश की सिर्फ याद कर पाता है।

इस बार एक कदम आगे बढ़ा जिंदगी की इस कसमकश में,

जब मन उदास होता है तो तुझे याद करता है मन।

तेरी पुरानी तश्वीर में खुद को टटोलता है है मन।

तुझको याद आउ या न आउ इसकी परवाह किये बिना तेरी मुस्कान को जेहन में उतारता है मन।।

इस दूरियों को कम करने की कोशिशें लगातार ही करता है मन।

कभी न कभी तुम दीदार होंगे तुम्हारे इस आस में लम्हे गुजारता है मन।

ये मेरा मन।।

प्यार

तुम जहा भी रहो खुश रहो मेरी टेंशन मत लेना ।

जब याद आये तो एक मिस्ड कॉल ही कर लेना।।

चाहे लाख जमाना शिकवा करे, मेरी नजर में तुम सही हो ।

पता है मुझे लोग जलते है तेरी अदाओ पे,

यू मुझे देख के जो मुस्करा रही हो।

ये नजरे है या जाल आंखों से ही शिकार कर रही हो।

गवाह है

ये धरती ये बादल ये हवाएं गवाह है हमारे मोहबब्त की।

तुम इस दुनिया के लोगों से झूठ बोल सकते हो।

क्या बोलोगे इन हवाओ से जो हमारे बदन के बीच से होकर गु
जरी है?

सुकर है इनको चुगली की आदत नही है,

वरना जर्रा जर्रा तेरी बेवफाई के किस्से सुना रहा होता।

क्या बोलोगे उस समंदर के रेत से जो हमें साथ मे महससू कि
या है?

क्या बोलोगे उन बर्फ की वादियों से जो हमे करीब लाने की शा
जिश किये थे?

ये वो गवाह है जो मुकरते नही अपनी बातों से,

इसलिए कहता हूं शर्म करो और मत खेलो किसी के जजबातों
से।।

ऐतराज नहीं इस नाम से

एक जिस्म थी वजह और तुमने मुझे रंडी बुलाया।

बेशक एतराज नही इस शब्द से,इसी ने तो कितनो का जीवन ब चा लिया।

एक जिस्म ही तो है मेरे पास जिसने तेरे दिमाग को पतलून में धकेल दिया।।

तेरी औकात ही क्या थी तूने इसी को पाने के लिए पूरा जीवन लगा दिया।

बेशक ऐतराज नही मुझे रंडी होने में,

कम से कम मेरी जरूरत तो है इस दुनिया को।

बहाना तूने प्यार का किया इसी बहाने तूने मेरा बदन छू लिया।

बाकी कुछ रहा नही,
फिर मेरे ही नजरो में मुझको नंगा कर दिया।

वो हवस तुम्हारी थी और मुझे रंडी का नाम दे दिया।

बेशक एतराज नही इस नाम से कम से कम तेरी बहन सुरक्षित है इस काम से।।

दर्द

एक रात काफी नही है इस प्यास के लिए।

उस रात तुम तड़पता छोड़ गए थे, एक रात के लिए।।

इतनी प्यास बाकी है कि समंदर भी कम पड़ जाए।

बाहे फैलाये बैठे है अब मत छोड़ना बरसात के लिए।।

दर्द को तकलीफ क्यु देते हो?

तुम खुद क्यु नही चले आते शुरुआत के लिए???

चलो समझते है

कभी तुम हमको समझाते रहे,

कभी हम तुमको समझाते रहे।

लोग इसको कुछ और समझते रहे,

Finally न तुम समझे न हम समझे ।।

गर मैं समझ भी जाऊ तो मेरे समझने से तुमको क्या,

सायद जो मैं समझ रहा वो समझने के लायक नही।।

प्यार बुरा नहीं लगता

मैने पूछा तुम इतने दूर दूर कयू रहते हो?

उसने कहा डर लगता है, कहि आपको बुरा न लग जाये।

यार, प्यार किसको बुरा लगता है? आप करते तो ।।

रूबरू

कभी कभी तन्हाइयां लाजमी होती है,

खुदसे रूबरू कराने के लिए।

वरना जिंदगी को रफू करते करते बेगाने हो जाते है

जमाने को मनाने के लिए।।

इश्क़ का कागज

इश्क़ लिखू या मोहब्बत लिखू या तेरे हुस्न की तारीफ में समंदर लिखू।

लिखने को असमाँ भी काम गर तेरे दिल को टटोलु क्या है उस के अन्दर लिखू।।

लिखने को तो तेरा दुपट्टा ही काफी है,

होठो पे लफ्ज इतने है और दिल में एक समंदर बाकी है।।

सजदा

सोचता हु खीच लाऊ उस चंद को,

और तेरे हवाले कर दु।

फिर उसे सजा दो या अपने खूबसूरती में सजा लो।

सुक्र है की एक ही चाँद है,

वरना चार होते तेरी महफ़िल सजाने के लिए।

उम्मीद नही थी तुम आओगे इस वीरान से दिल में,

सजदे में आसमां को भी झुकाके रख दु तेरे दिल में जगह पाने के लिए।।

बीगड़े हुए हम

आहिस्ते से बिगड़े है हम जमाने के सामने।

कुछ उनको पाने के वास्ते, कुछ उनको पाने के बाद।।

कुछ उनको भुलाने के वास्ते, कुछ खुद को जलाने के बाद।

जो आंखे न मिला सकते थे हमसे

उन्हें फिक्र है वो बिगड़ जाएंगे हमारी संगति में आने बाद।।

बस एक लाइन। ....

जीने में बहुत रिस्क है,चल खुदखुसी कर लेते है।

मुलाकात

तुम चाहो न चाहो हमारी मुलाकात तो होगी।

ये भर भर के इश्क़ और हफ्जो में शरारते तेरे साथ तो होगी।।

जब भी हम मिलेंगे बादल गरजेंगे और बरसात तो होगी।।

यू ओछा न समझना मेरी मोहब्बत को आजमा के देख

जब भी याद करोगे मेरे साथ कायनात भी होगी।।

दारू बदनाम

शाम हो गयी है, जाम की तलास जारी है।

एक तो lockdown है, ऊपर से पुलिस की पहरेदारी है।।

पैमाने में रहने आदत नही,
हमे तो बेफिक्र होक पिने की बीमारी है।

कीमत चुकाई है हमने पीने की,

वरना इस बदनामी की ये उम्र नही हमारी है।।

कभी उसको भी बुलाओ पिने के लिए जिसने हमे बदनाम किया
,

पता तो चले की उनके लफ्जो में कितनी गद्दारी है।

हो सके तो तुम भी पीने की सुरुआत करो,

नही तो सिर्फ कोरोना ही नही चीन के पास और भी

तेरे संग हो लू

सोचा है तेरे जुल्फों से खेलु,

तेरे पायल की खनक से जागू।

तेरे होठो को चूम के तेरा प्यार पा लू।

बसा के तूझे तेरे प्यार को महसूस कर लू।

तेरे आंखों के सहारे तेरे दिल मे उत्तर जाउ।

प्यार तेरा पा लू संग तेरे हो लू

अपने हाथों में हाथ लिए पूरी उम्र सो लू।

www.ingramcontent.com/pod-product-compliance
Lightning Source LLC
LaVergne TN
LVHW050425160726
843469LV00041B/1233

9789355590374